나의 키스를 누가 훔쳐갔을까

정영숙 시집

시인동네 시인선 170   정영숙 시집

나의 키스를 누가 훔쳐갔을까

시인동네

시인의 말

당신이 내 가슴속에 살아있어
노래는 끝이 없다.

노래를 부르는 동안
새로운 기호의 여러 빛깔 당신을 만날 수 있어 행복했다.

입도 사라지고
매화꽃마저 지고 없는 계절
눈길 그윽한 수선화,
함제미인(含睇美人)이고 싶다.

수선화 꽃향기에 노래 실어 보내면
먼 당신
납매(臘梅)로 빚은 매화주 한잔하러 오십시오.

2022년 2월
정영숙

차례

시인의 말

제1부

불멸의 독서 · 13

황금빛 나무를 그리다 · 14

수박이 아프다 · 16

입 밖으로 날아간 물고기 · 18

The Love is something · 19

시를 찾아서 · 20

라스코 벽화 · 22

마르셀 뒤샹의 체스판 · 24

연꽃 화엄경 · 25

로열 플러시 · 26

수선화 웃음으로 그가 오신다 · 28

카사블랑카 · 30

마음의 창 · 32

자화상 · 34

제2부

살아야지 살아야지 · 37

CROSS ROADS · 38

그때 그 여름은 없네 · 40

희망의 전언 · 42

La sete di vivere · 44

잠자는 뮤즈 · 46

아다지오 · 48

1935년, 〈제비〉다방 스케치 · 50

우리 함께 알람브라 궁전으로 갈까요 · 52

몰도바 · 54

중세 속으로 들어간 여자 · 56

즈 스위 말라드(Je suis Malade) · 58

동백꽃이 피어나는 겨울 아침 · 60

즈떼므 · 62

제3부

사랑 앞에서는 모든 공간과 시간이 사라지는 법 · 65

반쪽 심장 · 66

이클립스 · 68

태양에게 보내는 마지막 편지 · 70

고망(古莽)의 나라 · 72

보이지 않는 나무 · 73

Drawing in the Air · 74

유월의 바퀴살 · 76

봄꿈 · 78

우수(雨水) · 79

이 많은 토끼풀을 언제 다 먹을 수 있을까 · 80

누가 나를 이 부름나무 아래로? · 82

쿠마에의 전언 · 84

압화(押花) · 89

푸른 별, 나의 물독 · 90

제4부

허공 백지 · 93

클라인 병 만들기 · 94

함제미인 · 96

만복사(萬福寺), 봄꿈 · 98

백성 스님의 학춤을 보고 · 100

모란 한 송이에 담긴 기억 · 102

태엽이 나를 감고 돈다 · 103

12월은 나무가 뚝뚝 부러지는 달 · 104

다음 생에는 무채색 당신을 만나겠습니다 · 106

통도사에서 읽는 시 · 108

벽암록 흉내 내기 · 110

저승과 이승과의 거리 30cm · 112

사랑 · 114

해설 사랑의 노래가 담긴 함제미인의 약속 · 115
　　　김정배(문학평론가·원광대 교수)

제1부

불멸의 독서

귀밑 간질이던 산들바람이
책장을 넘긴다

내 가슴에 묻혀 있던 말
수십 년이 지나서야
세상 밖으로 나온 최초의 문자들

오디세우스가 먼 길을 돌아와
페넬로페에게 사랑을 고백하듯

강물에 젖어 희미해진 문장들을
흰머리의 내게 읽어주고 있다

꿈같은 시간들을
다시 살고 있는

황금빛 나무를 그리다

희뿌연 하늘 등에 지고
허공에 검은 점으로 떠 있는 황조롱이
어제도 들렸고 그제도 들렸던
노랫소리 들리지 않는다

흐린 하늘에 내 귀가 물든 것인가
황사바람이 새의 목젖에 모래알을 가득 채운 것인가
지하에 누워 있는 시황제의 영(靈)이
지상에 다시 무덤을 파고 있는 것인가

눈빛 나누며 마주 볼 작은 공간도 없어
허공을 떠도는 저 황조롱이
혼돈의 아우성 속
차라리 조롱 속에 갇히고 싶다

물 한 모금 조롱 속에 넣어줄 손이 없어
순수의식은 익사한다*

푸른 하늘을 날 수 없는 시대
한 평 반의 갇힌 방에서
붉은 심장을 갈아
우리 모두 사랑노래 부를 수 있는
황금빛 나무를 그린다

---

*W.B. Yeats의 시, 「재림」에서 인용.

수박이 아프다

수박을 먹으며 너를 생각한다
너를 생각하면 수박이 아프다
수박이 붉은 눈물을 흘리며 운다

뜨거운 양철 지붕 밑
이마 맞대고 파먹던 붉은 심장
보랏빛 새벽이 오기 전
무쇠 칼에 베어지던 청춘을 기억하며 운다

술 취한 배*처럼 흔들리던 신념
그 무너진 기슭, 어느 무덤가
초록의 인광으로 빛나던 사랑,
그 이름을 불러보지만
어디에 숨었는지 보이지 않고

네 다디단 심장을 먹은
내 입술만 피처럼 붉다

너와 같이 수박을 먹던 한여름 밤도
붉은 눈물을 흘린다

유성이 떨어진다

---

*랭보의 시 제목.

입 밖으로 날아간 물고기

시인은 입 안에 물고기를 기른다

나도 모르는 그들만의 은빛 말들
종일 중얼거리며 콧노래를 부르지만
혀 안에 갇힌 말들
성벽처럼 쌓인 이빨 사이로 빠져나오지 못한다

맑은 공기를 마셔야만 리듬을 타고 헤엄칠 수 있는
별난 감성의 물고기들
투명한 햇살 안에서 전율을 일으키는 지느러미

다른 무엇이 되기 위해
물고기는 새로운 세상을 꿈꾸며 몸을 줄인다

성벽을 뚫고 어디론가 화살처럼 날아가는 순간
입 안 물고기는 사라진다 나도 사라진다

검은 나뭇가지 위 눈꽃으로 피어난 매화 꽃잎

The Love is something*

누군가 내 아픈 몸에 물감을 떨어뜨리고 가는군요
오른쪽 다친 어깨뼈에 초록 잔디가 돋아나네요
왼쪽 손목이 스프링클러가 되어 온몸을 적시는군요
멈춰 있던 가슴이 펌프질을 하네요
막혔던 목구멍이 뚫리고 숨을 몰아쉬네요
노랑 분홍 비를 몰고 온 물고기가 입 안에서 헤엄치고
누군가에게 들은 사랑의 말은
강줄기가 되어 가슴으로 흐르는군요
하늘을 품은 모자는 머리에 구름을 그려놓고
두 눈은 푸른 바다를 불러오는군요
머릿속은 온통 울트라마린 푸른색
수평선 너머 당신이 있는 곳으로 헤엄쳐 갑니다
두 발에 달린 물갈퀴로 재빨리 바다를 건너는군요
어디선가 해조음처럼 들려오는 피리 소리
아마도 그건 당신이 내게 했던 사랑한다는 말
하얀 캔버스에 떨어뜨렸던 붉은 물감, 뜨거운 피가
지금 내 여윈 몸에 번지고 있는 중입니다

---

*훈데르트 바서의 그림 제목.

시를 찾아서

꿈속에서 노르웨이 겨울 숲
자작나무 눈꽃송이들 사이로 썰매를 타고 달렸네

자작나무 잎새처럼 반짝이는 눈
파랑(波浪)처럼 숲을 울리는 목소리를 찾아
노르웨이 겨울 숲
눈꽃 맞으며 바람처럼 화살처럼 달렸네

하늘 끝까지 푸르게 타오르는 불꽃
내 순연한 빛깔의 영혼을 찾아
백지 같은 하얀 겨울 숲을 달렸네

산다는 건 눈보라 겨울 숲을 뚫고
어딘가에 있을 나를 찾아가는 거야
자작나무에서 떨어지는 눈송이의 말
깃털 같은 영혼의 노랫소리를
얼음 낀 내 손등이 무겁게 받아 적고 있네

노르웨이 겨울 숲
소실점 위로 날아오르는 파란 새들
오로라 푸른 불꽃 속에 피어나는 꽃 한 송이
황금빛 빛나는 시를 본 순간

꿈의 빗장이 열리고 나는 여기에 없네

라스코 벽화

어둠을 업고 동굴 벽을 기어 다니는 도마뱀
내게 남은 한 줌 햇빛을 담보로
당신의 모든 기억을 샀지요
당신과 보낸 빛나던 순간을 위해
몸 안에 긴긴 어둠을 들여놓았지요
잘려 나간 꼬리는 유성처럼 꼬리를 물고
어김없이 땅의 기억을 되물어오고
내 몸은 샴쌍둥이처럼 다시금 그 기억들을 하늘에 낳지요
당신의 젖은 속눈썹에 빛나던 별빛을 모아
내 다섯 손가락 마디마디에 불을 붙이지요
꿈틀댈 때마다 동굴 벽에 투명하게 그려지는 붉은 단면도
단풍빛 다섯 개의 불꽃은
풀무 불처럼 타오르던 우리의 심장
내가 만지던 그 기억들이 손가락에 빠져나가지 않게
어둠을 목숨처럼 붙들고 놓지 않습니다
어둠인 내 몸에 기름을 부어 세상에 없는 단 하나
화석에 새겨질 그림을 그립니다

몇 세기가 지나도
한 점 빛으로 서 있을 불꽃나무를

마르셀 뒤샹의 체스판

누군가 똑같은 크기의 체스판에 말을 세워놓고
앞만 보며 한 칸씩만 발을 떼어놓으라 한다
두 칸을 뛰어넘어서는 절대로 안 되며
뒤로 물러나서도 안 된다고 한다
가시덤불에 걸려 넘어져도 일어서라 하고
불구덩이 속에도 들어가라 한다
한 발자국도 뗄 수 없는 모래구덩이 체스판
신의 손가락으로도 도저히 승부가 나지 않을 것 같은
끝없는 경주의 체스판
킹을 잡을 생각도 없는데
체크메이트 할 생각은 아예 없는데
흑백의 눈금도 보이지 않는 어둔 체스판 같은 날들이
건너지 못하는 강처럼 내 앞에 놓여 있다
얼굴에 손을 괴고 체스판을 내려다보는
그*의 공허한 눈빛 속에 내가 있다
괴물 같은 눈빛 속에 갇혀 꼼짝달싹 못하고 있다

---

*마르셀 뒤샹의 유화 〈생명의 공허〉(1967) 속의 청동 조각상.

연꽃 화엄경

꽃을 찾아 필랑팔랑 날아오르는 하얀 나비

새하얀 드레스 입은 세 살 난 여자아이, 하얀 나비 쫓아가면

술패랭이, 아이 머리 위 꿀벌 잉잉거리고

아이의 작은 발걸음에 맞춰 뒷산 언덕

뻐꾸기 소리 끊어졌다 이어졌다

하얀 나비처럼 춤추던 아이의 손가락, 연분홍 살갗이

연못가 수초에 닿는 순간

수면 위 뽀오얀 얼굴 빼꼼히 내밀고 수줍게 미소 짓는

새하얀 연꽃

로열 플러시
— 검을 현(玄)

아카시아 잎새로 운을 짚으며
파란 새를 날리던 날이 언제였던가요?

몸이 없는 영혼처럼 형체 없는 공기처럼
허공을 떠돌아다니던 당신, 보이지 않아
손끝이 타들어가도록 돌리던 카드 패
로열 플러시가 손가락 사이에 잡히는 순간
지중해를 건너오는 당신의 리라 소리
얇은 풋잠 속에서 들었지요

당신은 전생에 하데스로 나를 찾아온 오르페우스였던가요?

수억 년 만에 다시 만난 당신
그때의 가지런하던 아카시아 잎새처럼 내 곁에 누워
먼지 묻은 깃털을 접고
눈꺼풀도 어둠 속에 묻어요

모든 색을 다 머금은 여기는 마지막 안식처

하데스가 당신 편에 서서 거든다 해도
당신은 동굴 밖으로 걸어 나갈 수 없을 거예요

이곳은 0.000154%의 행운을 거머쥔 샴발라니까요

수선화 웃음으로 그가 오신다

클로이스터스*의 정원을 걸으며
바둑판 무늬의 프라하의 오솔길을 생각한다
청회색 고딕 건물 벽화처럼 아름다웠던 길
몰다우 강물 빛처럼 까를교의 호른 소리처럼
마음 밑바닥에 채색되던 길

"아, 누군가 그 아름다운 나날들을 되돌려주오!"*
이별을 예감하는 연인들의 비탄이
호른의 흐느낌 되어
몰다우 강물로 흐르던 길
잡은 두 손을 놓을 수 없어
끝도 없이 뱅뱅 돌던 길
시작도 끝도 없는 제자리로 돌아오던 길

수선화 눈부신 클로이스터스 돌길에는
이루지 못한 네모난 사랑이
서로의 각을 깎아 원으로 돌고 있다
몰다우 강물처럼 프라하의 길처럼

쉬지 않고 돌고 있다

저 멀리 워싱턴 다리를 건너와
흰빛 돌 화랑을 울리는
프라하의 호른 소리
오늘 내가 걷는 둥근 길 위에
첫 만남, 수선화 노란 웃음으로 그가 오신다

---

*뉴저지 근교의 뮤지엄.
*괴테의 시, 「첫 상실」 중에서.

카사블랑카

카사블랑카 여름 옥상에서 나누던 나의 키스를
누가 훔쳐갔을까요

안전장치도 없던 카사블랑카의 어둔 골목길
지뢰가 묻힌 줄도 모르고 팔짱 끼고 활보하던 시절
우리의 곧은 등 뒤에는 대낮에도 석류알처럼 붉게 쏟아지던
별무리, 든든한 백이 있었지요

한 호흡 한 호흡마다 부딪치던 입술이
누군가 던진 수류탄에 맞아 사하라 사막을 뒹굴어도
하얀 모래 위에 누워 천연히 바라보던 은하수는
우리의 안전한 보금자리, 하얀 집이었으니
두려울 게 없었지요

내일의 사구(沙丘) 방향도 모르면서
지구 반대편으로 눈 감은 채 걸어갔던가요

해와 모래가 맞닿던 불꽃의 사하라

사막이 강이 되고 강이 사막이 되는 몇 겹, 긴긴 눈물과
모래바람으로 품을 더 넓힌 붉은 사하라에는
꿈같은 여름밤이 깃발을 달고 은하를 건너가고 있네요

그 깃발 따라
별빛 쏟아지는 하얀 집
카사블랑카에 다시 도착하는 날
우리는 또다시 지난날을, 새날을 살게 되겠지요

마음의 창

그는 이미 알고 있었다
겉으로 보이는 외관보다 눈에 보이지 않으나
진실한 속마음이 진신사리라는 것을

천사백 년 전 이미 그는 앞을 내다보고 있었다
빈 수레처럼 덜컹거리는 지금의 세상을

시간이 지나면 낡고 헐어 빈 소리만 울릴
통도사 대웅전에 부처님을 모시지 않고
진신사리를 모신 사리탑을 볼 수 있도록
대웅전에 창문을 냈다

우리들 빈 마음에 진리의 말씀을 볼 수 있도록
창 하나씩 달아주었다

마음의 창을 여니
구룡지에 핀 보랏빛 작은 수련이 활짝 웃는다

―수련, 너는 천 년이 넘는 긴 시간
온몸에 창을 내고 부처님 말씀을 먹고 살았구나!

---

*시 속의 그는 자장율사(慈藏律師)를 가리킴.

자화상

나는 왜
베르메르 뷔페의 잿빛 얼굴 속에 갇혀 있는가

콜타르처럼 찐득이는 검은 선들에서 벗어나지 못하는가

고뇌의 빛으로 실핏줄이 터질 것 같은 눈동자
광대뼈가 불거진 창백한 얼굴
못으로 깊게 파놓은 듯한 검정색 아웃라인들

베르메르 뷔페의 초상화는 나의 내면에 닿아 있다
내 마음과 닮았다

제2부

살아야지 살아야지

레나토 제로의 노래 〈L'impossibile Vivere〉*는 힘이 세다
주먹을 불끈 쥐게 되고 감겼던 눈이 번쩍 뜨인다
시들시들하던 베란다의 화분에서 생기가 돌고
멈춰 있던 시계 침이 움직이기 시작한다
"산다는 건 산다는 건 두려움을 치료하는 거야"**
어긋나 있던 뼈들이 제자리로 돌아오고
현관에 누워 있던 운동화가 끈을 동여매고 바깥으로 걸어 나간다
전장에서 쓰러진 부상자가 일어나 걷듯
불가능한 일들이 가능의 깃발로 펄럭인다
우울하던 찻잔이 종달새마냥 노래 부르고
녹슬어 있던 펜이 종이 위에서 탱고를 춘다
살아야지 Vivere 살아야지 Vivere** 긍정의 메시지는
전쟁터 같은 세상에서 우리를 살린다
나를 변화시키고 세상을 바꾼다

---

*〈L'impossibile Vivere〉: 불가능 속에서도 살아야 한다는 뜻의 이탈리아어 노래 제목.
**노래 가사 중에서.

CROSS ROADS*
— 브루스 코너에게 바치는 헌시

새소리가 들리는 구름은
애인에게 장미꽃이
아이들에게는 맛있는 아이스크림이
노인에게는 푹신한 침대가 되어준다
어떤 형상도 갖지 않는 구름은

흐르는 것만이 생의 목적인 양 흐르고 또 흐른다

전봇대에 부딪쳐 보기도
강물에 뛰어 들어가 보기도 한다
전쟁과 폐허 속을 지나온 그는
허공에 어떤 기록도 남기지 않는다
자유롭게 끝없이 흐르고 싶다는 바람뿐

흐르고 흐르다 홀씨처럼 하늘에 흩어지는 작은 입자들

그는 애초 아무것도 아니었다
그러나 버섯이었고 장미였고 침대였다

산과 바다, 이 세상 모든 것이었다
진실의 눈이었고 위안과 평화였다
혹은 슬픔이었으나
세상에 하나밖에 없는 유일한 존재, 고독한 방랑자였다
하늘로 사라져 보이지 않지만 기억 속에 생생히 남아 있는
그대는

---

*브루스 코너(Bruce Corner)의 1976년 필름. 구름이 흘러가는 모습을 담은 영상.
2016년 7월 MoMA에서 열린 특별전에서.

그때 그 여름은 없네

얼음 없는 수박 한 덩어리 앞에서 자투리 같은 희망마저 미지근해질 것 같아 같이 파먹던 놋숟가락이 불안해지던 여름, The Animals의 ⟨The House of the Rising Sun⟩을 기타 줄에 매달고 도봉산을 오르곤 했지 인수봉에서 바라본 1960년대 서울 하늘은 한강처럼 출렁이는 내 긴 생머리마냥 파랬었지 서울역에서 왕십리 가는 전동차, 왕복 차비 이백 원이 교복에 달린 양철단추보다 무거워도 새하얀 운동화는 배추흰나비처럼 교정을 가볍게 날아다녔지 매일 오르던 남산도서관, 높은 서가에 꽂혀 있던 『욕망이라는 이름의 전차』, 그 수레바퀴 아래서 바라보던 놋숟가락처럼 빛나던 남산타워, 대학 노트에 그려놓은 역마다 희망을 빼곡히 채워주었지 땅에 떨어지지 않을 파란 새도 그려주었었지

불볕 이글거리는 묘지역,
얼음 띄운 수박화채를 먹으면서
그때 그 새를 불러본다
이마 맞대고 붉은 수박을 삼키던 그 새는?
너무 잘 익어서 쫙 깨진 수박처럼 이미 추억 속에 단물을

다 흘려버렸나
　망각의 까만 씨만 내 혀에 걸린다
　백발의 에릭 버든*이 악을 쓰며 가난했던 우리 젊은 날을 노래한다
　나도 기타를 다시 잡는다면 그때 그 파란 새를 부를 수 있을까
　극락역**으로 갈 수 있을까

---

*에릭 버든(Eric Burdon): 〈The Animals〉의 보컬.
**소설 『욕망이라는 이름의 전차』에 나오는 역 이름.

희망의 전언

흰색 유화물감으로 칠해진
윌리엄 터너의 〈포경선〉을 보면 안개 속이다
무엇 하나 찾을 수 없다
파도의 높이도 바람의 속도도 보이지 않는 막막한 세계
절망의 끝이 이런 투박하고 거친 흰색 화폭인가
수평선도 보이지 않는 망망대해
모든 것을 숨기고 있는 불투명한 흰색에서 오는
두려움과 무력감
여기에는 밥도 시도 내가 찾는 사랑도 없다

방주처럼 생긴 황금 잎새 모양의 포경선이
팔랑팔랑 눈앞에 빛으로 스치며 지나가고 있다

그 빛은 섬이라고 읽으면 섬이 되고
등대라고 쓰면 등대가 되는 아주 쉬운 문자처럼
눈앞에 다가온다
모든 것이 사라진 무의 상태에서
다시 태동하는 한 알의 황금빛 씨앗, 희망의 전언이다

미사 때 들려오던 성가 소리
화폭 위 안개를 걷고 저 멀리 퍼져 나간다

La sete di vivere*

〈La sete di vivere〉를 부른 가수를 나는 좋아한다네
이 노래를 부른 가수보다 이 노래를 더 좋아한다네
노래보다 노래 속 그대를 더 좋아한다네

노래를 좋아하는 내가 있어 이 노래는 계속된다네
그대가 내 가슴에 살아있어
노래 속 그대도 계속된다네

노래가 끝나도 쉬지 않고 반복해서 노래를 듣는 건
내 슬픔을 잊기 위해서가 아니라
내 가슴속 노래로 살아있는 그대가
내 삶 속에 함께하길 바라서라네

내가 가진 이 삶의 갈망을 그대와 함께 나누길 꿈꾸네
언제나 그대와 함께, 오직 그대와 함께**

내일은 더 이상 어제가 아니더라도
사랑은 시대를 넘어 우리 안에 숨 쉰다네**

그래서 노래는 계속된다네
노래가 계속되는 한 그대는 죽지 않는다네

그대가 내 곁에 없어도
슬픈 꿈이 있는 한 그대와 나의 삶은 계속된다네

---

*'삶의 갈망'이라는 뜻의 Alessandro Safina의 노래 제목.
**노래 가사 중에서.

잠자는 뮤즈*

태양이 중천에 떠올라도 나는 절대로 물 밖에 나오지 않았어요
황금으로 된 내 두상만으로 이 세계가 빛이 났으니까요
사람들이 지상에서 물 아래 숨은 내 몸을 상상할 동안
나는 바다 위에 둥둥 떠다니며 세상에 없는 아름다운 노래를 불렀어요
눈을 감고 있어도 수평선 너머까지 볼 수 있는 천리안
바다 깊숙이 숨어 있는 진주조개의 비밀을 맡을 수 있는 코
유프라테스 시원의 바람 소리를 들을 수 있는 마음의 귀를 가졌으니까요
내 노랫소리만 들어도 모두들 사랑에 빠졌으니
어쩜 내 조상이 칼리오페**이었는지 모르죠
몸이 없어도 파리넬리가 천상의 소리를 내듯
나도 영혼에서 우러나오는 노래를 불렀어요
노랫소리에 사람들이 까무러칠 정도로 탄복했다구요?
물론이죠
눈에 보이는 것, 귀에 들리는 것만 믿는 사람들은
도저히 흉내도 낼 수 없는 사랑의 곡조였으니까요

이른 아침 바닷가로 나와 보세요
빛나는 황금 두상만 바라보아도 황홀감에 빠지게 되고
입 다문 노랫소리에 무아의 경지에 들 테니까요
"아름다움이란 그대들 눈 감아도 보이는 영상이며
귀 막아도 들리는 노래이니라"***

---

*Constantin Brancusi의 〈Sleeping Muse〉.

**칼리오페(Calliope): 그리스 신화에 나오는 서사시를 맡고 있는 여신. 칼리오페와 아폴론 사이에서 오르페우스가 태어남.

***칼릴 지브란의 시, 「아름다움에 대하여」에서 인용.

아다지오*

그대 나를 떠난다면
달팽이 느린 걸음으로
한 발짝 한 발짝 지는 해를 따라가세요
떠나가는 발자국 소리, 내 귀에 들리지 않게
그렇게……

그대 나를 떠나간다면
뒤란 장미꽃잎 제 그늘 못 이겨 떨어지듯 살며시 살며시
그대와 내가 손잡고 거닐던 저녁 저수지
웅숭깊은 마음처럼 눈치채지 않게
그렇게……

그대 꼭 가야 한다면
우리 함께 날리던 연줄을 되감듯
내가 찾지 못하는 밤의 얼레 속으로 천천히 천천히
그렇게……

두 눈을 감고도 당신을 볼 수 있으니

파리해진 내 영혼은 당신을 느끼고
스치는 바람결에 당신 노랫소리 들리니

난 믿어요
어둠 속을 헤맨 해가 아침이면 제자리로 돌아오듯
내게 다시 돌아오리라는 걸
달팽이 느린 걸음으로
그렇게……

---

*아다지오(Adagio): 알비노니(Albinoni)의 곡.

1935년, 〈제비〉다방 스케치

　탁자에 괴고 있는 탱자 같은 누르뎅뎅한 얼굴, 시가를 입에 물고 있는 그의 입술에 연한 미소가 떠오른다. 어젯밤에 들렀던 매소루(賣笑樓)*의 여인을 생각하는 것인가. 그의 맞은편에 앉은 구본웅은 유화 붓을 들고 화폭 속, 두터운 그의 입술 위에 개불을 얹은 듯, 문둥이가 아이를 잡아먹은 듯, 선홍빛 색채를 입히고 있다. (금홍이를 그에게 빼앗긴 심술에 그의 입술을 아예 드라큘라처럼 피범벅으로 칠하고 싶다.) 그는 그런 친구의 마음을 모르는 채 금홍이 생각에만 열심이다. 금홍이가 준 퀴즈, 여섯 알의 아달린*에 대한 답을 풀어보려 하지만 무슨 뜻인지 도무지 알 수가 없다. 일주일간 죽은 듯이 통잠에 들라는 것인지, 여섯 알의 꿈나라에서 아예 금홍이를 잊어버리라는 이별의 사인인지, 그는 턱을 괴고 골똘히 생각해보지만 아무리 생각해도 해답을 찾을 수가 없다. 에라, 모르겠다! 금홍이가 저 문턱을 넘어 들어오는 환시에 빠져 커다란 눈이 반짝! 차돌처럼 하얗게 빛난다. "나나오라*도 팔아먹고, 전화기는 떼가고, 마담도 어델 가고, 그래 늘 손님이 없"**는 다방에 앉아 그는 금홍이가 다시 돌아온다면 분첩이라도 하나 사주어야겠다고 생각한다. 그렇게 마음먹자 겨드랑이가 가려워 앉아 있을 수가 없다. 화폭 속 불타는 붉은 입술을 뭉갤 생각도 없이 구본웅의 굽은 어깨를 툭툭 치며 일으켜 세운다. 그의 겨드랑이에서 솟아나려는 날개를 누가 말릴 것인가!

---

*매소루: 웃음 파는 집.

*아달린: 수면제.

*나나오라: 축음기.

**박태원이 그린 삽화 속의 글. 이 삽화와 글은 이상이 죽은 2년 후, 《조선일보》에 박태원의 「자작자화 유모어콩트 제비」상(1939년 2월 2일자)이라는 제목으로 실림.

우리 함께 알람브라 궁전으로 갈까요

초원을 달리는 사슴뿔, 붉은 음표
폭포를 튀어 오르는 은어들의 향연
짐 그리닝거의 기타 선율이 꿈의 사다리를 놓는 곳

별 속 알람브라 궁전으로 우리 함께 갈까요

사슴 뛰노는 산골로 가자며
그렁그렁 내 눈 속 민들레 솜털 같던 당신
우리 손잡고 가자던 산골은 사라졌어도
그곳에는 아직도 오백 년 전 흰머리 늙은 왕이
슬픈 눈의 왕비를 기다리고 있을 거여요

그대 내 손가락에 끼워주던 풀반지랑
버드나무 풀피리만 들고 오세요
난 어룽거리는 눈빛과 진달래빛 가슴만 가져갈게요
우리가 짓자던 오두막은 없어도
따뜻한 구름이불과 물병자리에 담긴 이슬주
한 잔이면 충분하지요

기타 소리, 젖은 봄밤을 밀어내기 전
꿈의 은하열차 타고
우리 함께 알람브라 궁전으로 갈까요

몰도바

잠처럼 파고드는 파도의 리듬

살과 살이 부딪치는 듯한 E현의 떨림

피를 토하듯 스타카토로 뿜어내는 G현의 몸부림

끝 간 데 없이 고조되는 슬픈 메아리

가졌으나 가진 게 아니라고

다시 원점으로 돌아오는 텅 빈 현의 울림

그러나 그냥 보낼 수 없어

마지막 입술처럼 흐느끼며 다시금 긋는 선율

당신과 나의 눈부신 아르페지오*

파도가 춤추며 긋는 하늘의 무지개

등 뒤로 뛰어오르는 흰 고래의 노래

눈물방울로 떨어지는 죽음, 생의 극점

수평선 너머 한 점으로 사라지는 당신을 바라보며

노을 진 모래펄에 서서 활을 접고

손끝, 붉은 생을 내려놓는다

―――――
*아르페지오(arpeggio): 분산화음. 집시음악인 몰도바(Moldova)는 후반부에서 분산화음이 여백으로 채워지고, 전반부의 긴장의 변화를 이끌어내어 피아노와 바이올린의 선율이 조화를 이루며 통일성을 갖는다.

중세 속으로 들어간 여자

고욤나무 잎이 햇살에 이울고 산딸기 열매도 빛을 잃어 엉클어진 떨기나무가 바람에 갈 길을 잃고 쓰러지는 정원

낡은 사프란색 긴 치마, 프릴이 달린 흰 블라우스에 회색빛 바랜 상의 차림의 여인*이 고목에 기대어 휑한 눈으로 먼 곳을 바라보고 있다

천년의 기다림으로 프릴에 감춰진 그녀 목은 마가목 줄기처럼 가늘고, 숲 그늘에 드리워진 눈빛은 11월 갈잎처럼 어둡고 스산하다 그녀 뒷배경에 그려진 구름 모양의 남자의 실루엣이 눈을 아프게 한다

구름의 환상에서 벗어나지 못하는 여인, 목책에 갇힌 늙은 마가목처럼 몇백 년 동안이나 저렇게 홀로 서 있었을까? 구름 같은 그의 아우라에 싸여 그곳을 떠나지 못한다는 얘기가 바래지지 않는 유화물감처럼 화폭에서 선명히 들려오는데

가냘픈 그녀 손이 잡고 있는 회갈색 나무동치를 툭 건드리

면 기다림의 마른 밤송이 투두둑 떨어질 것 같은 오후 두 시, 바스락 갈잎처럼 한 줌 재로 사그라질 것 같아 그녀 손을 잡고 중세를 건너 여기, 내가 서 있는 곳으로 데려온다 꿈속 그 남자, 뭉게구름 이는 모네의 연못 속으로 데려온다

---

*불란서 화가 Jules BastienLepage의 작품 〈잔 다르크〉 그림 속 여자. 메트로폴리탄 뮤지엄 소장.

즈 스위 말라드(Je suis Malade)*

피를 토하는 새의 울음소리다
"즈 스위 말라드" 음절에서
총에 맞은 새가 눈앞을 스치다가
다음 음절 "꽁쁠레뜨멍 말라드(정말 마음이 아프다)"에서는
목이 꺾인 새가 발등에 툭! 떨어진다
그녀 목소리는 끌로델의 유령처럼 소름끼치게 하고
오돌오돌 떨게 한다
온몸의 피가 머리로 솟구쳤다 순식간에 싸늘히 식어든다

떠난 연인에 대한 슬픔과 절망으로
숨이 막혀 죽어버린 새
이 새의 울음소리는 어떤 기호로도 옮길 수 없는
언어 밖의 소리다

나의 모든 노래를 빼앗아간 당신

모든 기차가 당신의 깃발을 달고 지나가는** 플랫폼에 서서
아직도 나는 도착하지 않을 기차를 기다리는데

그녀 목소리 속에서 나는 죽은 새가 된다

당신이 그리울 때 이 노래를 들으며 수천수만 번 죽는다

---

*"I am sick"라는 뜻의 샹송. 그녀는 가수 라라 파비앙(Lara Fabian)을 가리킴.
**All the boats carry your flag" 노래 가사 중에서 'boat'를 '기차'로 바꾸어서 인용함.

동백꽃이 피어나는 겨울 아침

거적때기에 덮인 그가 수레에 실려 백 년의 눈밭을 헤치며 빙판 길을 굴러오고 있다 거적때기 밖으로 삐죽이 삐져나온 손가락, 녹청의 앙상한 손가락이 회색 하늘에 겨울 나뭇가지로 걸린다

검은 땅 눈먼 자들의 눈에 갇혀 마음대로 춤출 수 없었던 납빛 영혼, 내 오른쪽 엄지와 검지 사이에 끼어 붉은 피를 토한다

"크게 한번 숨을 쉬어 봐. 이대로 죽을 수는 없잖아!" 페스트로 죽어가는 그의 횅한 눈빛을 쓰다듬으며 발리 노이젤의 따사한 입김이 흰 눈꽃송이로 날리고 있다

그칠 줄 모르는 마스크 행렬이 상여처럼 눈길을 오르는데 눈먼 자들을 향한 반란처럼 예언처럼 그가 허공에 성호를 긋는다 녹청색 유화물감이 덕지덕지 말라붙은 그의 손가락 위로 새하얀 눈이 영원처럼 내리고 있다

뼈만 남은 내 사랑, 잠자는 나뭇가지를 흔들어 화폭 위 붉은 동백꽃을 피운다

---

*그는 에곤 실레를 가리킴.

즈떼므

가슴의 통증을 낫게 하는 건
오로지 라라 파비앙의 목소리
즈떼므* 즈떼므
그녀 몸이 분홍빛 꽃잎으로 가득 차 있어
나를 하늘로 날게 하지

벚꽃 환한 봄날
천진스런 웃음으로 세상을 맴돌게 하던 사랑
푸른빛 당신을 가슴에 가득 안겨주지
성큼성큼 해거름으로 다가와, 장대처럼 늘어난 당신 팔이
나를 안고 돌면
내 가슴은 어느새 별꽃 세상

당신이 내 귀에 속삭이던 분홍빛 꽃잎 말
즈떼므 즈떼므 세 음절은
하늘을 날게 하는 사랑의 마약이지

---

*즈떼므(Je t'amme): '사랑'이란 뜻의 샹송. 가수 라라 파비앙(Lara Fabian)이 불러서 인기가 많음.

제3부

사랑 앞에서는 모든 공간과 시간이 사라지는 법

죽어가는 순간 연인의 얼굴을 보지 못하고
손을 잡지 못해도 시공간을 뛰어넘어
사랑을 느낄 수 있을까

만약 사랑이 죽지 않고
공기 속을 떠다닌다면
죽어서도 사는 것인가

바닷가 동굴에 잠들어도 잠들지 못한 애너벨리
워드링 하이츠를 유령처럼 떠도는 히스클리프
그들 사랑은 우주를 유영하며
지금 여기, 우리의 영혼과 교신하고 있지 않은가

그대 사랑이 내게 닿는다면
내 사랑이 그대에게 닿는다면
우리는 죽어서도 죽지 않고
함께 있는 것
우리 별이 되어 서로의 눈 속을 비추리

반쪽 심장

잘 익은 수박은 정수리에 칼끝을 대자마자
저절로 두 쪽으로 짝 갈라진다
단물 한 방울 흘리지 않고 붉은 심장을 드러낸다

잘 익은 사랑은 이별할 때
정수리를 찌르는 서늘한 칼날을 예감하고
칼날이 심장에 닿기 전 잡았던 손을 재빨리 놓는다

신이 선물로 주신 초록의 신성한 움막에서
살과 살이 부딪쳐 어둠으로 불꽃을 피었으니
꿀이 흐르는 낙원에서는 더 이상 피울 꽃이 없었으니
앞에 놓인 건 뛰어내릴 절벽뿐

둘로 쪼개지기 전 그들은
어떤 사랑도 한 사람의 몫은 이분의 일*이라는 걸 알았던 걸까

절벽 위에 손잡고 서서

절벽 아래로 함께 뛰어내리고자 했을 때
뛰어내리지 못하고 머뭇거릴 때
번개처럼 정수리를 치던 서늘한 칼날의 예감
우리 사랑은 여기까지라고

심장에 칼금 하나 내지 않은 게 다행이라며
정수리에 닿던 싸늘한 칼날의 감촉을 애써 지우며
불타던 반쪽 심장을 소중히 품에 안고 돌아서는데

반만 남은 심장에 쓱 칼금을 긋고 가는
저 초록의 둥근 수박

---

*에쿠니 가오리의 『냉정과 열정 사이』 '저자 후기'에서 인용.

이클립스

낮에 이루지 못한 소망들이
한이 되어
노랗게 피어나는 저녁
달맞이꽃에서 늑대의 울음소리 들린다

기다려도 오지 않는 당신
낮달 같은 그리움이 모여
노란 꽃으로 피어나고
보름달에 가까워질수록 울음소리 커지는 밤

내 앞에서 활짝 웃던 당신, 뒤쪽에
소리 없이 생기던 그늘
달이 어둠을 먹듯 점점 깊어지고
그늘이 깊어 오늘밤 사막처럼 발이 빠진다
발이 빠져도 쉬지 않고 걸어가야 하는
여기는 사막보다 더 어두운 세상

온몸이 먹빛이 되는 절망의 끝, 삶과 죽음의 경계점에서

우리는 무엇으로 몸 바꾸는가
그 경계점은 늑대의 시간인가?

당신이 보이지 않는 이 밤
울음조차 낼 수 없어
노란 달맞이꽃도 하얗게 진다

태양에게 보내는 마지막 편지

너를 처음 만난 순간
너는 내 사전 속 프롤로그에 쓴 시
주황색 오렌지 노란색 아침바다 불타는 장미였다

지중해에 떠오르는 해를 바라보며
오딜롱 르동의 〈이브〉처럼 카페에 앉아 있는 천진한 여인
탁자 위에 얹힌 오렌지주스 잔이 엎질러지는 순간
누가 천 일의 사랑을 예견할 수 있었을까
그녀 가슴을 찌르고도 남을 수천수만 불타는 가시를

수천 년 역사의 철제 궤짝 속에 녹슬어가거나
이제는 재가 되어버린 문장들

흐르는 물결 속 반짝이는 햇살 흰머리에 이고
푸른 심연 속 침묵으로 잠겨드는 늙은 여인
스테인드글라스처럼 빛나던 태양은 사라지고 없어도
이제 그녀는 노트르담 성당 성화처럼 고요하다
사제의 옷자락 같은 지중해의 물결 위로

참회의 저녁 종소리 번진다

남은 백지에 마지막 물그림자를 그려 너에게 띄우는 정유년 새해

내 가슴속 낡은 사전은 너에 대한 상징이었을 뿐
이제 더 이상 펼치지 않을 것이다

고망(古莽)의 나라

코로나 바이러스가 도래한 50일 동안
나는 고망(古莽)의 나라에 들어 밤낮없이 잠만 잤다
해와 달이 없으니 여기가 저기고 저기가 여기였다
흰 구름에 실려 가는지 바람에 실려 가는지
애드벌룬처럼 하늘을 둥둥 떠다녔다
머릿속을 비워버리자 몸은 공기처럼 가벼워졌다
팔뚝은 시냇물을 안은 미루나무 방죽이 되고
머리칼은 종달새 날아오르는 푸른 보리밭이 되었다

누군가 부는 버들피리 소리가
가슴에 들어와 알록달록 꽃을 피웠다
이 나라에는 없는 생소한 말, 꿈밖에서 들리는 환청 소리
코로나라는 헛말은 무구한 꽃향기에 묻혀 달아났다
블랙홀 속으로 사라졌다
말간 우물 속 하늘에서 울리는 누군가의 목소리에
나는 다시 태어났다 새 눈이 열렸다
해와 달을 가슴에 달고 아이들이 맘껏 뛰놀 수 있는
초록 들판을 펼치던 50일간의 꿈같은 나라, 지금 여기

보이지 않는 나무

제갈공명을 흠모하는 연암의 스승 이양천은 시·서·화에 뛰어나 삼절(三絶)로 불렸던 친구 이인상에게 공명의 사당에 심어져 있는 잣나무를 그려달라고 부탁했다. 그러나 이인상은 그림 대신 「설부(雪賦)」라는 시를 보내면서 이렇게 말했다.

"잣나무는 그 안에 있다네. 바람과 서리가 매섭게 몰아치면 변하지 않을 수 있는 게 있던가? 그대가 잣나무를 보고 싶다면 눈 속에서 찾아보시게!"

끝도 보이지 않는 산봉우리를 향해 설산을 올랐다. 머릿속으로 단지 잣나무 한 그루만을 그렸다. 강풍이 몰아치는 눈사태에 죽을 고비를 넘겨도 일어서고 또다시 일어섰다. 얼음 절벽에 매달려 오직 그 나무만을 그렸다.

매서운 눈보라 속 얼음 설산을 헤치며 찾아낸 건 바로 내 마음속에 심어놓은 그대라는 나무였다.

Drawing in the Air

너는 내 거울 속 태양이다

둘로 쪼개질 수 없는 나의 가슴이다

세포분열도 할 수 없는 원형의 핵이다

너를 한데 모으기 위해 내 몸에 99개의 반사판 거울을 달고 서 있다

99개가 그리는 빛의 원 속에 들어 있는 무수한 너

너는 바람의 손이다 안개의 발바닥이다 비의 눈이다

병뚜껑 같은 우울한 공기이다 푸른 머리칼의 느티나무이다

잠시 노랗게 웃다 사라지는 해바라기이다

너는 매일 내가 목숨을 다해 뱉어내는 숨, 숨으로

허공에 잠시 무지개를 그리다 사라진다

내 가슴속 한 개의 태양인 너

아니 파편처럼 쪼개지는 무수한 허상인 너

그 홀로그램 속 대체 너는 어디에 있는가?

물안개 속 온종일 온몸이 젖은 채 너를 기다리지만

너는 쉽게 오지 않는다

네가 없는 거울 속에 나도 없다 내 가슴도 없다

---

*국립현대미술관 마당에 전시되어 있는 〈Kimchi & Chips〉 작품(로보틱 거울. 안개, 태양, 바람으로 만든 설치작품)을 보고 씀.

유월의 바퀴살

그대 지금
어느 길 끝에서 발꿈치 들고 서 계신가요

황금빛으로 불타던 보리밭
오디 문 보랏빛 입술, 그대 눈 속에 찰랑일 때
등줄기에 하얗게 빛나던 유월의 햇살
요령처럼 짤랑이던 세상 너머의 소리 들었지요

생애를 관통하는 요령 소리에
잿물로 녹아들던 심장
녹슨 바퀴를 돌리던 눈뜬 밤, 밤들
밤의 컴퍼스가 그린 수천수만 개의 겹쳐진 원 속
반원으로 남아 있는 반쪽 사랑

바람도 불지 않는 땅
그대 외쪽 눈 찾아 꿈의 가는 허리 잡고
지구를 몇 바퀴를 돌고 돌았던가요

보이지 않던 그대 왼쪽 눈
마스크 쓴 아스팔트 길 끝
아카시아 하얀 꽃잎 속에 반짝이고
정오의 유월 햇살
입 다문 광장 수직의 분수로 치솟네요

흰 구름 속 둥근 원을 그리며 달리는 유월의 바퀴살
그대 보이는지요

봄꿈

벚꽃잎 속에 들어가 잠시 졸았던가
그대 입술, 분홍빛 유두에 살포시 스치는가 했더니
어느새 펼친 꽃잎 살며시 접히는구나

숙항라 겉섶, 채 여미지도 않았는데
속적삼 흥건히 젖은 땀방울, 채 마르지도 않았는데

그대 눈길은 먼 하늘
허공에 꽃잎 하르르 하르르

창백한 꽃잎 속, 침향(沈香)처럼 박힌 단심(丹心)
봄빛 한 줌의 기쁨, 저녁 종소리로 번지던 슬픔의 무게

여린 참새 날개 위에 얹어주고 꿈결 따라
허허로이 하늘로 오르네

아, 우리 사랑, 한순간 환히 불 밝히고 사라지는
봄꿈이런가

우수(雨水)

우수가 왔는데 눈은 녹지 않고
우수(憂愁)에 쌓인 얼굴들
우수수 빗방울로 떨어진다

비에 젖은 연인들의 얼굴이
연둣빛 싹을 틔우던 그때

우리에게 우수(雨水)의 계절이 있었다

유리 너머에는 비에 젖어 부풀던 빵
빗방울이 음악처럼 튕기던 거리
마주 보며 천진하게 구르던 바퀴살
브란덴부르크 위로 높이 날던 독수리가 있었다

우수가 왔는데
유리(琉璃) 너머의 연둣빛 세상은 보이지 않는다

유리(羑里)에 갇혔는지 보이지 않는다

이 많은 토끼풀을 언제 다 먹을 수 있을까

당신이 내 안에 살고 있어
늘 토끼처럼 즐겁다
당신이 사는 이곳은
파랗게 펼쳐진 보리밭이 있고
종다리 종다리가 노랗게 울고
당신의 긴 두 팔 위로 철길이 끝없이 달리고 있다
오늘 당신이 사는 이곳은
우리 함께 이마 맞대고 꿈의 퍼즐을 맞추던 곳
세종문화회관 뒷골목
시계가 거꾸로 돌아가던 다방에서 들려오는
〈You Mean Everything To Me〉
솔향기로 피어오르던 입술
난롯불로 타오르던 손
세포마다 되살아나는 그때의 빛나는 음보들
♪ ♪ ♩ ♩ / ♪ ♪ ♩ ♩ / 음표로 거실을 콩콩 튀어 올라
저녁밥 짓는 손가락이 아프지 않다
내 마음속에는 늘 당신이 기른 토끼가 살고 있어
그 노래 가사처럼 즐겁다

당신이 만든 매직 같은 세상
이 많은 토끼풀을 언제 다 먹을 수 있을까

누가 나를 이 부름나무 아래로?

제자리를 빙빙 돌며 한 발자국도 나가지 못하는
저 못난이는 누구인가
백 년이 흘렀는지 천 년이 흘렀는지
해가 지고 해가 뜨는 것도 모르는 어둠 속
차가운 땅에 등짝을 대고 울고 있구나

하늘은 있었으나 감은 두 눈에는 하늘이 없었다

(너는 참으로 의심할 줄 모르는 단순한 종족이구나)

의지와 상관없이 나를 흔드는 수많은 감정들
누구의 발에 밟혀서라도 이 끝없는 회전을 멈추고 싶었다
한 발자국도 나가지 못하는 시작도 끝도 없는 삶이라면
어느 누구의 발등이든 하얀 피 한 방울 남기고
사라지고 싶었다

짓무른 눈 위로 떨어지는 차가운 물 한 방울
대체 누가 보낸 것인가

지구에 등짝을 떼지 못하는 수고로움에 보내온 헌사인가
의심하지 않는 어처구니 사랑에 대한 경의의 표시인가
피딱지 앉은 등짝에 길을 내며 어디론가 흘러가고 있다

봄 햇살에 여린 촉을 내미는 나뭇잎들
누가 나를 꿈같은
이 눈부신 나무 아래로 데려온 것인가?

쿠마에*의 전언

1
예수가 십자가에 못 박힌 계절,
〈묵주 기도하는 어머니〉 그림과 백지 사이에서
밤을 하얗게 밝히고 있답니다
시인들이 흔히 말하는 영혼을 쏟아부으며 온몸으로 쓴다는
상투적인 말은 하지 않겠소
시인이 아니더라도 영혼도 육체도 다 소진되고 나면
누구든 읽지도 쓰지도 못하고 나처럼 목소리만 남게 될 테니까요

2
아직도 당신은 산들바람처럼 나긋나긋한 목소리
버들강아지 같은 수줍음, 지혜의 샘물을 원하지만
나는 이제 쉰 목소리로만 남았을 뿐이라오
오렌지 즙이 뚝뚝 떨어지는 혓바닥으로 이미 너무 늦은 말을
갈 수 없는 약속의 땅을, 누릴 수 없는 단어를 모아
내 몸에 이식하려 하지만 이미 때는 늦었소

피가 다 빠져나간 내 몸에는 읽을 수 없는 무의미한 글자만 남는다오

d u m b d u m p d u m b d u m p……

텔레비전에서는 트럼프가 부레 없는 붕어처럼 뻐끔대다 dump……

현수막에 걸린 거짓 얼굴들도 덩달아 dumb dumb dump……

가면 속 교활한 시인도 검은 물결 속으로 dump dump……

나를 엉터리 예언자라고 함부로 말하지 마시오

아이네아스**도 내게 무릎 꿇었다오

종소리도 한숨 소리에 묻히고, 서글프고 지루한 날들이 흘러가는군요

3

유다의 넝쿨이 발목을 잡는 시대

아무도 없는 돌산, 저만치 설산이 보이는 중턱까지 올라왔소

밤이면 유황불이 유령처럼 비석 사이를 날아다니오

여기는 바람 한 점 불지 않는 핏빛 하늘인데
내 눈을 찌른 사람들은 아랫동네에서 웃고 떠들고 있네요
반봉사가 된 나는 글을 읽을 수도 쓸 수도 없으니, 내 운명을 받아들이는 수밖에요
내 하얀 피를 긁어모아 저 푸른 창공에 매를 날려야겠소

4
당신은 너무 늦게 내게 당도했소
당신이 쏜 화살은 언제나 내 가슴을 빗나갔지요
사냥꾼이 표적을 맞히기 위해서는 온 정신을 한곳에 집중해야 한다는 것을
노을 속 불타는 덤불 숲, 오두막에 두고 온 럼주, 따듯한 벽난로
당신은 이미 실패한 사냥꾼입니다
아무리 생각해도 당신은 너무 늦게 도착한 것 같소
안개 같은 당신을 뒤로하고 이제 혼자서 길을 떠나야겠소

5

당신이 내뱉은 말은
영혼까지 악마에게 팔아버렸던 파가니니의 음악처럼
나를 죽였소 삶 속에서 죽음을 맞게 했소
몸이 사라지고 목소리만 남은 지금
믿지 못할 희망을 준대도, 설령 젊음을 되돌려준대도
이제 그것들은 아무 쓸모없는 것이 되었소
당신과 나, 천 년의 시간을 함께 보내며 불신의 시대를 건너왔으니
문 밖 가면 쓴 군상들처럼 얼굴을 수백 번 바꾼다 해도
새삼스레 당신을 원망하거나 질책할 마음은 없소
단지 나는 내 목소리를 내고 싶었을 뿐이오
지금껏 당신이 내 곁에 있어 내 얘길 들어주어 다행이었소

6
땅 위에서 할 수 없었던 말,
아직도 당신께 하지 못했던 말을 내 여윈 발에 묶고
저 눈 덮인 설산 너머 흰 세계로 날아갈 것이오
조롱에 갇혔던 검은 땅 위의 시간을 버리고

자유롭게 날아갈 것이오

---

*쿠마에(Cumae): 아폴론 신으로부터 구애를 받아 먼지 알갱이만큼 시간을 누릴 수 있었으나, 영원한 젊음은 누릴 수 없었던, 늙어가면서도 죽지 못했던 슬픈 운명을 타고난 예언자 시빌(sibyl)을 말함. 엘리엇의 「황무지」 서시에 나오는 무녀로 유명함.

**아이네아스(Aeneas): 그리스 신화 속 인물로, 로마 건국 조상이 됨. 쿠마에의 무녀가 로마를 세울 영웅임을 예언함.

압화(押花)

등 뒤에 압화처럼 살포시 날개 접는 이 누구인가

창호에 얼비치는 버드나무 흰 그림자
춥다는 말을 내비치는 순간
꽁꽁 언 말[言]을 감싸며 화로가 되어주는
언 발로 살같이 달려와 화톳불 피워주고
불현듯 등 뒤로 사라지고 없는 사람

등 뒤에 잠시 날개 접고 가는 이 누구인가

내 생애 가장 아름다운 꽃, 수놓는 사람은
황홀한 날갯짓이면서
슬픔인 당신은

꽃가루 덮인 압화 펼쳐보는데
어느새 눈물 젖은 매화 꽃잎
하얀 눈발로 허공에 흩어지고
손에 잡히는 건 싸늘한 겨울바람 한 줌

푸른 별, 나의 물독

　잉카인들이 하늘의 별자리를 지상에 옮겨놓는다 오늘밤 내 별자리를 내가 디딘 발밑에서 본다 물독에 철철 흘러넘치는 따듯한 물들을 본다 물독 밑바닥에 눌어붙어 떨어지지 않던 태생이 슬픔인 눈물, 어디에 스며들었는지 보이지 않는다 피멍 든 굳은살 박인 발 씻으며 눈 밝은 물이 말갛게 넘쳐흐른다 내 곁을 맴돌며 언 지푸라기로 물독을 닦아주며 평생 내 물바가지에 푸른 나뭇잎 띄어주던 어여쁜 새 한 마리, 내 머리 위를 날고 있다

　발자국 잘못 디딜까 잠시도 눈 붙이지 못하고 하늘에 떠 있는 저 푸른 별,
　나의 어머니

제4부

허공 백지

도요새라 입속으로 되뇌면
서늘한 기품의 유백색 백자가 떠오른다
도요새라 소리 내어 부르면
유리알 쨍쨍한 바이칼 호수가 생각난다
도요새라고 몇 번씩 부르다 보면
도요새는 내가 가고 싶은 백색의 순수한 땅이 된다
당신과 내가 가고자 했던 그리운 땅
도요새를 찾아 나는 밤마다 날개를 단다
먹지도 쉬지도 않고 줄곧 밤하늘을 날아간다
철없는 도요새처럼 밤바다를 건너다 죽기도 한다
그러나 마르지 않는 바닷물, 뮤즈의 신은
내게 또다시 날개를 달아준다
도요새라는 햇빛 쨍쨍한 땅
당신과 내가 꼭 가야만 하는 바이칼을 향해
백자를 빚던 도공의 그 뜨거운 숨결로
허공 백지 위에
금세 사라질 문자를 한자 한자 적는다

클라인 병 만들기

너와 내가 한 몸이 되는 세상을 생각하며
하얀 종이를 바닥에 펼쳐놓는다

행과 불행이 한 몸인 줄 모르고
이차원 평면 위에 선을 그은 적 있다
행운이 오면 마냥 웃기만 했다
언제 어느 방향에서 불쑥 나타나는 불행의 씨앗인 줄 모르고
불행이 왔을 때도 행운의 싹인 줄 모르고 울기만 했다

상가(喪家)에 써진 이름 세 글자가
어느 날 내 문 앞에 걸릴 수 있다는 것
삶이란 내 마음대로 방향을 정할 수 없는
평면을 꼬아 만든 뫼비우스의 띠라는 것을

안과 밖이 하나이며
위아래도 없는
너의 아픔이 나의 아픔이고, 나의 기쁨이 너의 기쁨인

너와 내가 하나가 되는 세상을 꿈꾸며

내 손에 쥔 뫼비우스 두 개의 끈을 이어서
클라인 병을 만들기로 한다

오늘밤 너와 내가 한 별로 뜨는

함제미인

매화 지는 밤
고월(孤月)로 떴습니다

당신이 다니시는 고샅길
비 오면 허리까지 차는 골가실 냇물
밤 이슥토록 푸른 대숲 비추는

매화꽃 흩날리는 밤
다다 만 비파 줄로 남았습니다

달 밝은 밤, 맑은 술 한 잔에
행여 그대 긴 손가락 울릴까
험한 재 굽이굽이 힘들 때
혹여 둥근 음에 쉬어 가라시며

청아한 피리 소리
휘영청 고월에 걸리는 밤

천년 벼루 속 푸른 달빛 찍어 그리는

흰 화선지 속

함제미인(含睇美人)이고 싶습니다*

---

*자하(紫霞) 신위(申緯)가 황산(黃山) 김유근(金逌根)에게 보낸 시 「수선화」 둘째 수에서. '함제미인(含睇美人)'은 '눈길 그윽한 미인, 수선화'를 뜻하며, 매화 지자 수선화 피기를 기다리는, 친구를 만나길 염원하는 시.

만복사(萬福寺), 봄꿈

매화꽃 환한 봄날
눈부셔 앞이 보이지 않네

쌀쌀한 이른 봄날 비단 적삼 아직 얇아
향로 불 꺼진 밤에 애태운 지 몇 번인고*

눈처럼 새하얀 저 꽃잎은
세월의 긴 망치로 하얗게 두들겨 편
삼천 년 기다림의 은빛 서간인가
소상강(瀟湘江) 이슬 숲을 날던 수레바퀴
사경(四更) 새벽 낯빛인가

날지 못하는 하얀 나비
날개 접은 채 밭은 숨 몰아쉬고 있네

눈뜨고는 한 발자국도 떼지 못하는 세상
수천 년 눈감고 앉아 있는 저 금당(金堂) 주춧돌
깊은 꿈속에서나 만강홍(滿江紅) 붉은 퉁소 불어

당신과 나

하얀 손잡고 봄 하늘로 날아갈거나

---

*『만복사저포기(萬福寺樗蒲記)』, 양생(梁生)이 환신(幻身)을 위해 부른 노래, 「만강홍(滿江紅)」 중에서.

백성 스님의 학춤을 보고

날렵한 버선코, 구름 위를 걷듯
사뿐, 푸르른 하늘빛을 향하고
하얀 소맷자락 활짝, 학의 날개인 양 펼치는데
원을 도는 순간 모루에 불꽃이 튄다

굴곡진 몸
폈다 접었다 수천 번 흠씬 두들겨 맞았던가
뜨거운 호흡, 찬물 속에서 숨 고르는데

징과 북소리 끊긴 서운암 뜰
천지 고요의 점, 손끝에 모으던 하얀 새 보이지 않고
백색 장삼, 황금 가사 두른 스님
먼 하늘 바라보며 한 발로 서 있는 게 아닌가

 소리 나지 않는 내 마음의 놋쇠, 물과 불 속에 다 녹아 내렸던가

 허튼 발걸음에 묻혀온 티끌

영취산 불국토를 뒤덮은 금낭화
노란 꽃술로 들어가고
말씀의 맑은 종소리, 장경각 대장경 어느 구절
황금 문자로 내려앉았는지

순간, 댓돌처럼 무겁던 마음 가벼이 날개를 달고
영취산 너머 푸른 하늘로 날아오른다

모란 한 송이에 담긴 기억

예술인 마을 〈서정주의 집〉 뜰에
모란 한 송이, 늦은 봄볕으로 몸 말리고 있다
"우리 순네는 스물 난 색시, 고양이 같이 고운 입술……
스며라! 배암"*
젊은 날 그의 가슴에 파고들던 진분홍빛 순네 입술
허옇게 바래져 가고 있다
저 말라가는 모란은
그 겨울 새벽 서러운 울음소리와 함께
떠나가던 마지막 이승의 모습
아직도 탐스러운 자태의 모란 꽃송이는
"내 마음 속 우리 님의 고운 눈썹을
즈믄 밤의 꿈으로 맑게 씻어서"**
동천(冬天) 하늘에 심으려던 마지막 바람이다

---

*서정주 시, 「화사(花蛇)」 중에서.
**서정주 시, 「동천(冬天)」 중에서.

태엽이 나를 감고 돈다

지난 시간이 유성기 안에서 온종일 제자리걸음이다

태엽을 감는 손이 꽁꽁 얼어 있다 잠시 그대와 거닐던 겨울 바닷가를 다녀온 것일까 비릿한 해초 냄새가 난다 무릎 사이로 파고들던 세찬 파도, 해초의 손가락을 빌려 바다가 연주하던 깊이를 알 수 없는 음역대, 바다 밑 심연에서 한숨처럼 토해내던 바순 소리, 파랑(波浪) 사이 잿빛 그림자로 어룽이던 첼로 소리, 고래의 붉은 함성처럼 수면 위로 치솟으며 울부짖던 바이올린의 비브라토, 온갖 음역대의 소리 소리들이 빚어내는 밤바다의 향연은 88개의 피아노 건반으로는 연주할 수 없는 세상 너머의 소리다

갈매기 하얀 깃털도 파도 소리도 검은 바다에 묻힌 밤
유성기 안에 들어간 나는 태엽을 감던 손도 사라지고 이제 태엽이 나를 감고 돈다

12월은 나무가 뚝뚝 부러지는 달

가슴속에 나무 한 그루 심어 놓을까
산마루 산비탈 어디가 좋을까
양지바르고 바람이 잘 드는 곳을 찾아 헤맨다

큰 나무 옆에 있으면
그 그늘에 묻혀 잘 자랄 수 없고
산꼭대기 절경 속 고고히 서 있고 싶으나
강풍이 불면 언제 쓰러질지 모르니
평생 가꿀 나무 한 그루 심는 게 쉬운 일이 아니다

산꼭대기에 홀로 오도카니 서 있는 저 나무
전 생애를 바쳐 쉬지 않고 올라갔으나
황홀한 경치는 눈 깜짝할 사이 지나가는 것
강풍이 부니 어디 몸 붙일 데가 없구나

산비탈 덤불 숲 키 작은 떨기나무
개울물을 찾느라 가지는 휘어지고 비틀어졌다
자갈밭을 기어가느라 뿌리는 갈퀴처럼 볼품이 없다

아무도 눈여겨보지 않으니 베어갈 이도 없다
잎을 흔드는 바람의 친구가 되기도 하고
흔들리는 갈대들의 노래에도 귀 기울일 수 있어 좋다

12월은 나무가 뚝뚝 부러지는 달*

---

*인디언 샤이안족의 말.

다음 생에는 무채색 당신을 만나겠습니다

당신은 몇 개의 가면을 쓰고 계신가요
숨소리 들릴 만큼 내 얼굴 가까이서 타오르던 붉은 마스크
내 눈짓도 아랑곳 않고 무심히 지나치는
얼음조각 같은 파리한 마스크
카멜레온처럼 색깔을 바꾸는 마스크를 보는 내 눈이 피곤합니다
주위의 사물들이 따라서 몸 바꾸니 풍경도 불안합니다
시냇물도 멈추고, 매일 듣던 노래도 음을 이탈합니다
천 년의 고독이 이끼처럼 붙은 눈과 마주칠 때면
창호지 같은 당신 얼굴을 쓰다듬어 주고 싶다는 생각을 합니다
금방 셔터를 내리고 마는 수천 개의 얼굴을 잊고서
여러 개 입을 가진 당신께 물을 수가 없습니다
그 때문에 나는 더욱 더 쓸쓸해집니다

당신의 얼굴은 어디에 있나요
허공에 뛰어내려야 할 몇 초 전, 번지점프처럼
지금 발바닥이 초조합니다

땅바닥에 발붙일 시간도 얼마 남지 않은 계절
단 하나의 내 이름을 불러줄 수 없는지요
타오르는 노을 속 가면들을 불태우고
처음 보았을 때 내 눈에 심었던 하얀 얼굴로 서 있다면
절벽에 서 있던 부르튼 발을 접고
우리 함께 발 담갔던 강물 따라 유유히 흘러가겠습니다

다음 생에서는 무채색 당신을 만나겠습니다

통도사에서 읽는 시

옛 신라인들은 시를 건축물로 즐겨 그렸다
부처님을 모셔야 할 대웅전은 텅 비어놓고
진신사리를 모신 금강계단을 「부처님」이란 시로 썼다
마음에 부처를 모셔놓고
자유자재로 통도사를 시로 표현했다

마음만 있으면 어디든 닿지 않겠는가

석가모니 부처가 제자들에게 설법하던 인도 영축산
「영산전(靈山殿)」이란 아름다운 시로 그려놓았으니
내 마음은 이미 『묘법연화경(妙法蓮花經)』
어느 한 페이지에서 꽃비를 맞고 있는 게 아닌가

천사백 년 전 그들이 지은 시를 읽으며
나를 다시금 쓴다

영원히 지지 않을 진리의 꽃
금강처럼 빛나는 부처님 말씀을 내 몸에 받아 적는다

자장매(慈莊梅) 붉은 꽃잎으로 활짝 열리고
영축산 너머로 날아오르는
저 극락새 한 마리

벽암록 흉내 내기

언 땅에 머리를 박고 거꾸로 선다
머리에 신발을 신고
발에는 장갑을 낀다
물에 빠져 보이지 않던
해와 달이 하늘에 걸리고
사람 사다리에 치여
찌푸리던 얼굴들이 웃음을 띤다
위로 치켜떴던 눈썹이 내려오고
아래로 처졌던 입꼬리가 올라간다
보이지 않던 개미 새끼도 보이고
발밑에서 숨죽이던 작은 민들레꽃 향기
코끝을 스친다
사람 사다리 속, 뜨거운 머리통들과 부딪치지 않고
물구나무로 서 있으니
머리는 움 속 무처럼 차갑다
처마 밑에 거꾸로 매달린 고드름처럼
맑고 투명한 눈을 갖는다
겨우내 물속에 잠겨 있던 그대

연둣빛 버드나무로 물가에 서고
멀리 있는 별
더 가까이서 반짝인다

저승과 이승과의 거리 30cm

친지나 가까운 지인의 부고를 들으면
마음속에 돌멩이가
툭, 떨어진다

내 몸속에 돌탑이 쌓인다

바람만 불어도
꽃잎이 움트는 소리에도
자꾸 고개를 내민다

손닿는 곳에서 문을 두드리며 수시로 드나드는
그리운 사람들

저승과 이승과의 거리 30cm
물결이 밀려갔다
밀려오는

내 마음 속 돌멩이를 꺼내

아픈 영혼들을 위해
매일매일 기도의 돌탑을 쌓는다

사랑

눈앞에 핀 꽃이었으나
볼 수 없던 꽃

오늘 문득 유리창을 통해
내 눈에 들어온 꽃

뜰 한구석 돌 틈 사이 피어난
보랏빛 작은 초롱꽃

먼 데를 볼 수 없는 나이가 되어서야
비로소 보이는

소중한 사람은 늘 가까이에 있었구나

온몸을 쟁쟁 울리며
내 열 손가락에 피어나는
초롱꽃, 당신

해설

사랑의 노래가 담긴 함제미인의 약속

김정배(문학평론가·원광대 교수)

1. 함제미인

 시는 일종의 척독(尺牘)이다. 시간과 시간이 서로의 마음을 나누는 곁눈질의 서간문이다. 마음을 드러내되 다 드러내지 않으니, 시를 읽는 마음이 때로 애달프다. 간절함은 두말할 나위 없다. 짧은 편지 형식의 글에 시의 진심을 담고, 함축된 메시지를 전하다 보니, 그 간절함 또한 배가 된다. 정영숙 시인의 이번 시집 또한 이와 닮았다. 그녀가 시인의 말을 통해 전한 함제미인(含睇美人). 눈길 고운 미인이라는 뜻으로, 수선화가 언제 고운 자태를 드러낼 것인가의 의미를 담는다. 이왕 말을 꺼냈으니, 함제미인과 관련한 황산(黃山) 김유근과 자하(紫霞) 신위의 이야기를 마냥 지나칠 수 없다. 황산이 신위에게 보낸 편지 내용의 서두는 다음과 같다. "매화의 일은 이미 지나가고, 수선화는 아직 꽃을 피우지 않았습니다. 너무 적막하여 마음을 가누기 어려운 아침입니다."(梅事已闌, 水仙未花, 正是寂寥難遣之辰.) 뜻을 풀면, 분매(盆梅)의 매화꽃은 이미 시들고, 구근에서 올라온 수반 위 수선화 꽃대는 아직 꽃을 피우지 않았다는 말이다. 어디에도 마음의 적을 두지 못한 황산의 애달픈 그리움과 갈망이 그대로 전해진다. 그런 와중에 황산은 문득 신위가 생각났음을 고백한다. 김소월 시의 한 구절처럼 "그립다/말을 할까/하니 그리워"(「가는 길」)진 셈이다. 이에 신위는 한 수 더 떠 편지에 대한 답장으로 '수선화'와 관련한 시 세 수를 황산에게 지어 보낸다. 이중 둘째 수의 내용은 이렇다. "얄미운 매화가 피리 연주 재촉터니, 고운 꽃잎 떨어져 푸른 이끼 점찍는다. 봄바람 살랑살랑 물결은 초록인데, 눈길 고운 미인은 오는가 안 오는가?"(無賴梅花 笛催, 玉英顚倒點青苔. 東風吹縐水波綠, 含睇美人來不來.) 신위는 황산에게 매화는 가고 수선화는 오지 않은 주춤한 정경 속에서, 수선화가 필 때 만나자는 약속을 전한다. 서로 간의 함축적인 약속이 담긴 척독을 확인하는 순간이다. 함제미인에 대한 옛 문헌의 에피소드는 황산과 신위의 것이기도 하지만, 어쩌면 정영숙 시인의 이번 시집을 대변하는 중요한 키워드이자 약속의 상징이기도 하다.

매화 지는 밤

고월(孤月)로 떴습니다

당신이 다니시는 고샅길

비 오면 허리까지 차는 골가실 냇물

밤 이슥토록 푸른 대숲 비추는

매화꽃 흩날리는 밤

타다 만 비파 줄로 남았습니다

달 밝은 밤, 맑은 술 한 잔에

행여 그대 긴 손가락 울릴까

험한 재 굽이굽이 힘들 때

혹여 둥근 음에 쉬어 가라시며

청아한 피리 소리

휘영청 고월에 걸리는 밤

천년 벼루 속 푸른 달빛 찍어 그리는

흰 화선지 속

함제미인(含睇美人)이고 싶습니다

—「함제미인」 전문

이 시집에서 함제미인에 대한 의미가 가장 직접적으로 드러난 작품이다. 표면적으로는 '나'와 '당신' 혹은 '그대'를 통해 서로를 구분하는 듯 보이지만, 인용한 시에서 함제미인은 수선화의 기본적인 의미를 그대로 수용한다. 수선화는 대표적인 '나르시시즘'(Narcissism)의 상징이다. 자기애적 욕망을 투영하는 꽃으로 불린다. 그리스 신화의 미소년 '나르키소스'가 연못에 비친 자기 미모에 반해 빠져 죽었다는 전설을 함의하기도 한다. 그 자리에 피어난 것이 바로 미소년과 같은 이름의 꽃, 수선화(나르키소스)인 셈이다. 이 작품 또한 앞에서 언급한 황산과 신위의 이야기가 내포되지만, 마지막 부분에서 다른 질감의 의미를 도출해낸다. 나르키소스가 연못에 비친 자신의 모습을 들여다보듯 시인 또한 "천년 벼루 속 푸른 달빛 찍어 그리는/흰 화선지 속/함제미인(含睇美人)"을 갈망해낸다. 주지하듯 정신분석학 혹은 신화적 관점에서 나르시시즘은 자기애적 욕망으로 규정된다. 하지만 시인은 이를 자신이 지나쳐버린 미래의 시적 욕망과 앞으로 마주할 사랑의 노래로 치환시킨다. 그런 관점에서 본다면 '매화'와 '수선화'가 피는 그 사이에서의 감정은 이 시집에서 주목해서 봐야 할 부분이다. 함제미인에서 등장하는 매화 또한 그 사이에서 어룽거리는, 일종의 약속의 도정이자 시적 그리움이 되기 때문이다. 동시에 내가 되찾아야 할 과거의 나의 모습이거나 너의 모습이기도 하다. 예로부터 매화의 열매는 남녀의 결합을 상징하는 주화(呪花) 또는 주과(呪果)로 인식되었다는 점이 이를 방증한다.

그렇다면 정영숙의 이번 시집에서 '매화'와 '수선화'는 어떤 모습으로 그려지고 있을까. 매화와 수선화가 시인의 심리 상태를 적극적으로 담보하는 상징물임을 고려한다면, "어느새 눈물 젖은 매화 꽃잎"(「압화」)이라든가, "매화꽃 흩날리는 밤/타다 만 비파 줄로 남"거나 "매화꽃 환한 봄날/눈부셔 앞이 보이지 않"(「만복사(萬福寺), 봄꿈」)는다는 표현은 시인이 지닌 심리적 기제를 그대로 은유화시킨다. 대표적으로 「만복사(萬福寺), 봄꿈」 같은 작품에서는 조선 전기 김시습이 지은 한문소설 『만복사저포기』에 스민 양생의 사랑 스토리를 시적 차용하여 기다림과 애달픈 마음을 극대화한다. 시인은 여기에서도 매화를 두고 "눈처럼 새하얀 저 꽃잎은/세월의 긴 망치로 하얗게 두들겨 편/삼천 년 기다림의 은빛 서간"이라고 묘사한다. 이러한 시의 전개방식은 마치 황산과 신위가 나눈 서간문의 내용처럼 정확한 의미의 일치를 보인다. 나아가 황산의 척독에 신위가 시를 지어 보냈듯이 시인 또한 그 마음을 함제 미인의 뜻에 담아 전하는데, 가령 "검은 나뭇가지 위 눈꽃으로 피어난 매화 꽃잎"(「입 밖으로 날아간 물고기」)은 시인이 갈망하는 시에 대한 애절한 그리움의 변별점으로 작용한다. 이미 시인이 언급한 것처럼 괴테의 시 「첫 상실」의 의미를 빌린 "아, 누군가 그 아름다운 나날들을 되돌려주오!"(「수선화 웃음으로 그가 오신다.)라는 메시지로 자신만의 족적을 남긴다.

2. 아픈 수박 혹은 불완전한 사랑

정영숙 시인은 매화와 수선화의 시적 형상화를 통해 자신만의 '척독'으로 가득 찬 시적 나르시시즘과 삶의 갈망을 지속하여 선보인다. 하지만 시인에게 그 만남은 그리 쉬워 보이지 않는다. "입도 사라지고/매화꽃마저 지고 없는 계절/눈길 그윽한 수선화"(「시인의 말」) 함제미인의 이미지는, 일종의 이율배반적인 시인의 고백에 가까워 보이기 때문이다. '먼 당신'과 '내'가 같은 공간에서 서로의 마음을 기별하고 확인할 수 있다면 좋겠지만, 시인에게는 그조차도 아프고 불안한 감각으로 인식한다. 이 아름답고 슬픈 시인의 시세계를 상징적으로 가장 잘 드러내는 시적 소재가 바로 '수박'이다.

> 수박을 먹으며 너를 생각한다
> 너를 생각하면 수박이 아프다
> 수박이 붉은 눈물을 흘리며 운다
>
> 뜨거운 양철 지붕 밑
> 이마 맞대고 파먹던 붉은 심장
> 보랏빛 새벽이 오기 전

무쇠 칼에 베어지던 청춘을 기억하며 운다

술 취한 배처럼 흔들리던 신념
그 무너진 기슭, 어느 무덤가
초록의 인광으로 빛나던 사랑,
그 이름을 불러보지만
어디에 숨었는지 보이지 않고

네 다디단 심장을 먹은
내 입술만 피처럼 붉다

너와 같이 수박을 먹던 한여름 밤도
붉은 눈물을 흘린다

유성이 떨어진다

—「수박이 아프다」 전문

 단순하게 생각해, 시인은 왜 수박에 주목하는가. 수박은 과일이 아니라 대표적인 여름 채소로 분류된다. 단맛이 강해 많은 사람이 과일의 한 종류로 오해하고 있지만, 사실은 우리의 인식을 전복하고 있는 대표적인 여름 채소이다. 마크 트웨인이 말한 것처럼 수박은 "세상 모든 사치품의 으뜸이며, 한번

맛을 보면 천사들이 무엇을 먹고 사는지 알 수 있을 것" 같은 재미난 상상을 주는 문학적 매개물이기도 하다. 수박의 꽃말 또한 '큰마음'을 담고 있어 여러모로 독자의 입체적인 상상을 돕는다. 하지만 시인은 지금 그 '수박이 아프다'라고 명명한다. 왜일까. 그것은 지금 '내'가 아무리 '너'의 이름을 불러도, 그동안 함께했던 '너(나)'는 이곳에 존재하고 있지 않기 때문이다. 정영숙 시인에게 수박은 단순히 당도가 강한 여름 채소로 한정되는 것이 아니라, 일종의 '나'와 '너(나)'가 함께했던 흔적의 징표로 인식된다. 또한, "뜨거운 양철 지붕 밑/이마 맞대고 파먹던 붉은 심장"이면서, "어디에 숨었는지 보이지 않"는 흐릿한 대상이자 심리적 불안으로 각인된다. 이러한 시인의 수박에 대한 감각은 "너무 잘 익어서 쫙 깨진 수박처럼 이미 추억 속에 단물"(「그때 그 여름은 없네」)이거나, "정수리에 칼끝을 대자마자/저절로 두 쪽으로 쫙 갈라진"(「반쪽 심장」) 인간의 내면으로 승화되기도 한다. 이제 시인은 그 불안과 그리움의 마음을 안고서 자기만의 '사랑'을 적극적으로 찾아 나선다. 그 사랑을 수선화의 자기애로 읽어도 좋고, 수박의 큰마음이 담긴 그리움으로 읽어도 무방하다. 수박처럼 겉과 속이 다른 서로의 심장만을 파먹는 것이 아니라, "절벽 위에 손잡고 서서/절벽 아래로 함께 뛰어내리고자 했을 때"(「반쪽 심장」) 주저하지 않는 그 무언가의 원형을 회복하는 것이 급선무이기 때문이다.

그 지점에 방점을 찍고 본다면, 시인이 노래하는 사랑은 "초록의 인광으로 빛나는 사랑"이거나, "사랑은 시대를 넘어 우리 안에 숨"(「La sete di vivere」)을 쉬는 일종의 삶의 갈망 같은 것들로 읽힌다. "도저히 흉내도 낼 수 없는 사랑"(「잠자는 뮤즈」)이면서, "벚꽃 환한 봄날/천진스런 웃음으로 세상을 맴돌게 하는 사랑"(「즈떼므」)의 증표가 되기도 한다. 문제는 시인이 추구하는 그 사랑은 현실 속에서는 마주하기 쉽지 않다는 데 있다. 사랑은 혼자만의 감정으로 공유되거나 형성되는 것이 아니기 때문이다. 시인도 인용하고 있는 에쿠니 가오리의 『냉정과 열정 사이』의 한 구절처럼 어떤 사랑도 한 사람의 몫은 반드시 '이분의 일'이 되기 때문이다. 그러니 "누가 천 일의 사랑을 예견할 수 있었을까"(「태양에게 보내는 마지막 편지」). 따라서 이 시집에서 시인이 포착한 사랑에 대한 인식은 그 과정에서부터 불안한 인간의 모습으로 형상화되거나, 완성되지 못한 희미한 사랑의 이미지로도 구축된다. 가령, "잘 익은 사랑은 이별할 때/정수리를 찌르는 서늘한 칼날을 예감"(「반쪽 심장」)하게 하거나, "밤의 컴퍼스가 그린 수천수만 개의 겹쳐진 원 속/반원으로 남아 있는 반쪽 사랑"(「유월의 바퀴살」)으로 완벽하지 않은 이미지 그대로를 포착한다. 또한, "한순간 환히 불 밝히고 사라지는/봄꿈"(「봄꿈」)이거나 "뼈만 남은 내 사랑"(「동백꽃이 피어나는 겨울 아침」)의 이미지를 통해 불완전한 사랑의 의미를 형성하기도 한다.

3. 약속을 향한 삶의 노래

다소 우울하고 암담한 현실에서 포착하고 거두어낸 시인의 이 불안하고 불완전한 사랑의 이미지는 과연 다시 회복할 수 있을까. 우리는 시인이 전하고자 하는 함제미인의 또 다른 의미를 다시 상기할 필요가 있다. 주지하다시피 함제미인은 단순히 수선화의 이미지와 그 상징적인 의미만을 복기하고 함의하는 것이 아니다. 아직 오지 않은 약속의 의미까지도 불러들인다. 달리 말해, 어떤 하나의 약속이 지켜지려면 그 약속은 현재 지켜지지 않은 상태일 때 그 효력이 가장 크게 발생한다. 양가적인 표현이지만, 약속이 완성되지 않은 상태에 머무는 순간 그 약속은 약속으로서의 고유한 가치와 특성을 가장 선명하게 유지할 수 있다. 이에 대해 모리스 블랑쇼는 『문학의 공간』에서 '없어야 있는 것들'에 대해 강조한 바 있다. 보이는 순간 사라지는 것들, 가령 신과 예술과 사랑 같은 것들이 그것이다. 그만큼 보이는 것은 보이지 않는 것을 위해 필수적이고, 그것은 보이지 않는 것 속에서 구원에 이른다. 하지만 그것은 또한 보이지 않는 것을 구원하는 것, 두 극 사이에 가치의 균등을 회복시키는 성스러운 대조의 법칙으로 나타나기도 한다.

정영숙 시인의 이 시집에서도 약속은 지켜지지 않음으로써 빛을 발한다. 「쿠마에의 전언」에서 직접 표현하듯 그 시적 의

미는 "갈 수 없는 약속의 땅"으로 상징되기도 하고, 「다음 생에는 무채색 당신을 만나겠습니다」에서처럼 "시냇물도 멈추고, 매일 듣던 노래도 음을 이탈"하기도 한다. 그럼에도 시인이 노래를 멈추지 않는 이유는 "눈에 보이는 것, 귀에 들리는 것만 믿는 사람들은/도저히 흉내도 낼 수 없는 사랑의 곡조" 혹은 칼리 지브란의 시 「아름다움에 대하여」에서 재인용한 구절처럼 "아름다움이란 그대들 눈 감아도 보이는 영상이며/귀 막아도 들리는 노래"(「잠자는 뮤즈」)임을 이미 깨닫고 있기 때문이다. 시인은 지난날 자신이 마주했던 모든 노래가 자신을 살리는 일종의 약속이었음을 직감한다.

> 레나토 제로의 노래 〈L'impossibile Vivere〉는 힘이 세다
> 주먹을 불끈 쥐게 되고 감겼던 눈이 번쩍 뜨인다
> 시들시들하던 베란다의 화분에서 생기가 돌고
> 멈춰 있던 시계 침이 움직이기 시작한다
> "산다는 건 산다는 건 두려움을 치료하는 거야"
> 어긋나 있던 뼈들이 제자리로 돌아오고
> 현관에 누워 있던 운동화가 끈을 동여매고 바깥으로 걸어 나간다
> 전장에서 쓰러진 부상자가 일어나 걷듯
> 불가능한 일들이 가능의 깃발로 펄럭인다
> 우울하던 찻잔이 종달새마냥 노래 부르고

녹슬어 있던 펜이 종이 위에서 탱고를 춘다
살아야지 Vivere 살아야지 Vivere 긍정의 메시지는
전쟁터 같은 세상에서 우리를 살린다
나를 변화시키고 세상을 바꾼다

─「살아야지 살아야지」 전문

시인이 노래에 집중하는 이유도 바로 여기에 있다. 특히 노래가 건네는 시적 자장에 대해 정영숙 시인은 눈에 띄게 반응한다. "레나토 제로의 노래 〈L'impossibile Vivere〉는 힘이 세다"라고 직접적으로 시의 의미를 전개하기도 한다. 그 의미 또한 시인이 노래 가사에 담긴 은유의 힘을 믿고 있기 때문이다. 시에서도 인용구를 통해 밝혀놓았듯이 〈L'impossibile Vivere〉라는 노래는 전쟁 같은 삶과 불가능한 게임 같은 삶 속에서도 희망을 잃지 않고, 저마다의 삶이 건네는 소중한 가치를 회복하자는 메시지를 담고 있다. 이 작품에서도 시인은 레나토 제로의 노래에 담긴 가사의 내용처럼 그런 약속의 의미를 불러들인다. 그 순간 "시들시들하던 베란다의 화분에서 생기가 돌고/멈춰 있던 시계 침이 움직이기 시작한다."

이제 시인의 심리적 기제를 끝까지 물고 늘어지는 것은 그 노래를 막아서는 현실의 인식들이다. 그 감정은 시인에게 "종일 중얼거리며 콧노래를 부르지만/혀 안에 갇힌 말들"(「입 밖으로 날아간 물고기」)로 인식되거나 "어떤 기호로도 옮길 수 없

는/언어 밖의 소리"(「즈 스위 말라드(Je suis Malade)」)로도 포착된다. 시인이 노래를 듣지 못하는 그 순간 "어제도 들렸고 그제도 들렸던/노랫소리가 들리지 않는"(「황금빛 나무를 그리다」) 상태로 치환되기도 한다. 시인은 그 상태에서 순수의식의 소멸(익사)을 체감한다. 나아가 "백발의 에릭 버든이 악을 쓰며 가난했던 우리 젊은 날을 노래한다/나도 기타를 다시 잡는다면 그때 그 파란 새를 부를 수 있을까/극락역으로 갈 수 있을까"(「그때 그 여름은 없네」)와 같이 다소 상념에 젖는 부분을 노출하기도 한다. 그렇다고 그 감정을 삶의 갈망으로까지 몰고 가지는 않는다. 오히려 "내 마음속에는 늘 당신이 기른 토끼가 살고 있어/그 노래 가사처럼 즐겁다."(「이 많은 토끼풀을 언제 다 먹을 수 있을까」)라든가, "노래보다 노래 속 그대를 더 좋아한다네"(「La sete di vivere」) 혹은 "흔들리는 갈대들의 노래에도 귀 기울일 수 있어 좋다"(「12월은 나무가 뚝뚝 부러지는 달」)라는 긍정적인 인식으로 곧바로 치환해버린다. 그 균형감은 '당신'과 '나'의 눈부신 약속이자 시적 아르페지오로 승화되기에 이른다.

잠처럼 파고드는 파도의 리듬

살과 살이 부딪치는 듯한 E현의 떨림

피를 토하듯 스타카토로 뿜어내는 G현의 몸부림

끝 간 데 없이 고조되는 슬픈 메아리

가졌으나 가진 게 아니라고

다시 원점으로 돌아오는 텅 빈 현의 울림

그러나 그냥 보낼 수 없어

마지막 입술처럼 흐느끼며 다시금 긋는 선율

당신과 나의 눈부신 아르페지오

파도가 춤추며 긋는 하늘의 무지개

등 뒤로 뛰어오르는 흰 고래의 노래

눈물방울로 떨어지는 죽음, 생의 극점

수평선 너머 한 점으로 사라지는 당신을 바라보며

노을 진 모래펄에 서서 활을 접고

손끝, 붉은 생을 내려놓는다

—「몰도바」전문

시인이 지금까지 사랑을 찾아 나서는 동안 「희망의 전언」에서 노래하듯 "모든 것을 숨기고 있는 불투명한 흰색에서 오는/두려움과 무력감"이 찾아들기도 한다. 당연히 그곳에는 "밥도 시도 내가 찾는 사랑도 없다." 이제부터 시인에게 중요한 것은 사랑의 관념이란 "누군가에게 들은 사랑의 말"(「The Love is something」)로부터 파생된다는 것을 적극적으로 인지하는 것이다. 그것이 시인이 추구하고자 하는 예술이 될 수도 있고, 시가 될 수도 있다. 그 모든 과정이 자신을 위한 하나의 척독이라면 시에 언급하는 노래는 사랑을 가장 **빠르게** 회복하는 지름길이 된다. 그것은 잠자는 뮤즈의 "노랫소리만 들어도 모두들 사랑"(「잠자는 뮤즈」)에 빠질 만큼 강력하다. "눈앞에 핀 꽃이었으나/볼 수 없던 꽃"이며, "먼 데를 볼 수 없는 나이가 되어서야/비로소 보이는"(「사랑」) 꽃으로 승화되기도 한다.

마지막으로 인용한 작품은 '몰도바'라는 지명을 담고 있다. 엉뚱한 말이지만, 한 유명 선수는 이 '몰도바'라는 지명을 '몰디브'로 잘못 인지하여 중요한 경기의 약속을 지키지 못한 적이 있다고 한다. 이 에피소드가 이 작품을 읽고 동시에 떠오르는 이유는 시에 등장하는 아르페지오의 특징이 분산화음의 여백을 의미하기 때문이다. 분산화음의 여백을 통해 하나의 선율의 조화와 통일성을 가져오기 때문이다. 정영숙 시인은 그 물도바에서 '리듬'과 '떨림'과 '몸부림', '슬픈 메아리', '울림', '선율', '무지개', '노래', '극점'의 감정을 모두 재확인한다. 다시 말해 "당신과 나의 눈부신 아르페지오"는 「함제미인」에서 시인이 이미 언급하고 있는 수선화가 필 때 만나자는 약속의 관점에 그 뜻을 그대로 일치시킨다. 여기에서 '당신'과 '나'는 복수의 관점이어도 좋고 1인칭 단수의 관점이어도 상관없다. 시인은 "그대가 내 곁에 없어도/슬픈 꿈이 있는 한 그대와 나의 삶은 계속"(「La sete di vivere」)됨을 알고 있기 때문이다. "죽어서도 죽지 않고/함께 있는", 떨어져 있지만 "별이 되어 서로의 눈 속을 비추"(「사랑 앞에서는 모든 공간과 시간이 사라지는 법」)는 존재로 거듭나고 있기 때문이다.

미국의 시인 월트 휘트먼은 「나 자신을 위한 노래(Song of Myself)」에서 자신을 찬양하고, 내가 지닌 것을 당신(그대)도 지닐 것을 권유한다. 정영숙 시인 또한 자신을 노래로 사랑하고 그 삶을 갈망하길 원하고 있다. 그러니 "당신이 내 가슴속에 살아있어/노래는 끝이 없다.//노래를 부르는 동안/새로운 기호의 여러 빛깔을 만날 수 있어 행복했다."라는 「시인의 말」은 마냥 빈말이 아니라, 이 시집을 지탱하는 가장 중요한 사랑의 참말이자 시인의 진솔한 노래가 담긴 함제미인의 약속이 되기도 한다.

시인동네 시인선 170

나의 키스를 누가 훔쳐갔을까
ⓒ 정영숙

초판 1쇄 인쇄	2022년 2월 23일
초판 1쇄 발행	2022년 2월 28일
지은이	정영숙
펴낸이	김석봉
디자인	헤이존
펴낸곳	문학의전당
출판등록	제448-251002012000043호
주소	충북 단양군 적성면 도곡파랑로 178
전화	043-421-1977
전자우편	sbpoem@naver.com

ISBN 979-11-5896-543-3 03810

*이 책의 판권은 지은이와 문학의전당에 있습니다.
*양측의 서면 동의 없는 무단 전재 및 복제를 금합니다.
*잘못 만들어진 책은 바꿔드립니다.